Étoiles et Sommeils
Créer le Programme de Sommeil Idéal pour Bébé

par Fredrick Mandl

Pour mes parents, vous me manquez à chaque moment de ma vie. J'aurais aimé avoir de vos conseils et vous présenter mes enfants.

TABLE DES MATIÈRES

KATHRYNE,

Alors que je navigue dans les eaux tumultueuses de ma nouvelle mode —l'écriture, ton soutien inébranlable est le phare qui guide mon chemin. Merci d'avoir sacrifié de précieuses heures de sommeil, nuit après nuit, pour peaufiner avec moi la version française de mon livre. Ta patience et ta compréhension transcendent est tout ce que j'aurais pu espérer, me rappelant à chaque instant la chance que j'ai de t'avoir à mes côtés.

Si seulement j'avais été un peu plus patient et moins emporté par l'excitation d'être un auteur, je t'aurais sûrement embarquée dans l'aventure de ma copie anglaise également. Oh que je suis avar. Mais à travers chaque mot que j'écris et chaque phrase que nous avons polie ensemble, ton amour et ton dévouement brillent le plus fort.

Tu es véritablement la meilleure, un trésor que je chéris plus que les mots ne peuvent l'exprimer. Mon amour pour toi grandit de jour en jour, nourri par ton incroyable soutien et ta tendre affection.

Je t'aime!

Ton Auteur

Introduction

Bienvenue dans le livre qui pourrait bien devenir votre nouvelle lecture de minuit — en espérant que ce n'est pas parce que vous êtes debout avec un bébé qui refuse de s'endormir. Si vous lisez ceci, c'est probablement parce que vous avez un petit qui ne comprend pas tout à fait l'attrait d'une bonne nuit de sommeil. Et vous, mon ami, êtes désespéré de lui apprendre. Mais n'ayez crainte, car ce livre est conçu pour aider votre bébé à dormir, afin que vous, à votre tour, puissiez attraper un peu de sommeil tant mérité.

Maintenant, soyons réalistes. La quête pour atteindre le mythique "dormir toute la nuit" ressemble un peu à essayer de trouver une licorne dans une botte de foin qui prend le thé avec un lutin. Vous avez probablement entendu des histoires de ces bébés magiques qui dorment paisiblement du crépuscule jusqu'à l'aube, mais votre réalité pourrait être radicalement différente. C'est bon, vous n'êtes pas seul, et non, il n'y a rien de mal avec votre bébé ou vos compétences parentales.

Ce livre n'est pas un tome monolithique de ce qu'il faut faire et ne pas faire. Au lieu de cela, pensez-y comme à une discussion animée avec un ami qui a été dans la tranchée de guerre et en est sorti de l'autre côté — avec beaucoup de café dans le corps, mais victorieux. Nous explorerons ensemble le monde fascinant du sommeil des bébés, depuis la compréhension des cycles de sommeil (oui, il y a une méthode dans la folie) jusqu'à la mise en place d'un environnement de sommeil de rêve.

L'entraînement au sommeil, un terme qui pourrait vous faire imaginer un sergent instructeur et un bébé dans un berceau, est loin de l'exercice militaire qu'il semble être. Il s'agit de trouver une méthode qui résonne avec vous et votre bébé, que ce soit en les laissant pleurer un peu ou en optant pour une approche sans larmes. Et oui, les deux sont valables et ne traumatiseront pas votre enfant pour la vie.

Créer un programme de sommeil semble assez simple sur le papier, n'est-ce pas ? Mais quand vous avez affaire à un être humain qui a sa propre petite personnalité et volonté, ce n'est rien de tel. Nous vous guiderons dans la mise en place d'un programme qui fonctionne, en l'adaptant à mesure que votre bébé grandit, car l'imprévisibilité est la seule chose prévisible chez les nourrissons.

Ah, et puis il y a la question des défis de sommeil. Juste quand vous pensez avoir tout compris, votre bébé lance un coup de curveball. Les réveils nocturnes, la transition de deux siestes à une — nous aborderons tous ces sujets avec des solutions pratiques qui ne nécessitent pas d'avoir un diplôme en science des fusées.

L'alimentation et le sommeil — c'est comme le scénario de l'œuf ou la poule. Lequel vient en premier, et comment s'influencent-ils mutuellement ? Nous plongerons dans la manière dont l'allaitement et l'introduction des aliments solides peuvent affecter les modèles de sommeil de votre bébé, vous donnant des aperçus et des conseils pratiques pour rendre le processus plus fluide pour tous les impliqués.

Et n'oublions pas que vous, le parent a également besoin de dormir. Ce voyage vers un meilleur sommeil n'est pas seulement à propos de votre bébé ; il s'agit aussi de vous. Reconnaître les signes de privation de sommeil et trouver des moyens de faire face aux nuits blanches est primordial. Après tout, un parent bien reposé est un parent plus heureux et plus efficace.

Dans les pages qui suivent, l'humour et l'honnêteté sont de mise. Ici, pas de ménagement, juste des discussions franches sur la vie privée de sommeil de la parentalité, et comment la naviguer sans perdre la raison. Nous visons à trouver cet équilibre parfait entre instructif et divertissant parce que, admettons-le, quand vous fonctionnez sur trois heures de sommeil, les conseils d'un manuel scolaire sont la dernière chose dont vous avez besoin.

Considérez ce livre comme un phare d'espoir, ou au moins, comme une main tendue dans l'abysse sombre de 2 heures du matin qu'est la parentalité d'un bébé non dormant. Nous explorerons le scientifique, l'anecdotique, et parfois, les méthodes carrément excentriques que les gens ont utilisées pour faire dormir leurs bébés. Parce que s'il y a une vérité que tous les parents finissent par réaliser, c'est que parfois, les conseils les plus non conventionnels sont ceux qui fonctionnent.

Alors, préparez vos oreillers confortables et vos couvertures les plus douillettes. À la fin de ce voyage, l'idée de votre bébé dormant paisiblement ne sera plus juste un rêve lointain. À travers des essais, des erreurs, un peu de rire et beaucoup d'amour, nous travaillerons à rendre les nuits reposantes une réalité pour vous et votre petit.

Avant de plonger, voici un doux rappel : chaque bébé est différent, et il n'y a pas de solution universelle pour le sommeil des bébés. Ce que vous êtes sur le point de lire est une collection d'aperçus et de stratégies qui ont fonctionné pour beaucoup, mais la clé est de les adapter et de les ajuster pour répondre aux besoins uniques de votre bébé et à votre style parental.

Embarquons ensemble dans ce voyage, avec des esprits et des cœurs ouverts (et une quantité raisonnable de café). À plus de sommeil, moins de stress, et à la découverte que le pays des rêves

n'est pas aussi insaisissable qu'il y paraît. Bienvenue dans le club
— nous vous attendions.

CHAPITRE 1 : Les Fondamentaux du Sommeil de Bébé

Alors que nous nous éloignons doucement de l'introduction et entrouvrons délicatement la porte du Chapitre 1, installons-nous confortablement avec les bases du sommeil de bébé, une aventure aussi déroutante que d'essayer de plier un drap-housse. Comprendre le monde mystifiant du sommeil des nourrissons est comme apprendre une nouvelle langue — sans traducteur. Pourtant, n'ayez crainte, car nous sommes sur le point d'embarquer dans un voyage à travers la nuit (et occasionnellement le jour) pour découvrir ce qui fait fonctionner ces petits êtres lorsque les lumières s'éteignent. Au cœur de tout cela se trouvent leurs cycles de sommeil, une danse complexe des phases REM et non-REM, chacune ayant un but aussi vital que le suivant. Et juste quand vous pensez avoir déchiffré le code, vous remarquerez que votre bébé envoie des signaux, subtils comme un clin d'œil ou aussi évidents qu'un bâillement, annonçant leur préparation à naviguer vers le pays des rêves. Ces signaux sont votre signal de batman, un appel à l'action pour emmailloter, bercer ou chanter, en endossant votre personnage de super-héros comme le gardien du sommeil. Alors, enfilez votre cape (ou votre pyjama le plus confortable), et plongeons dans les fondamentaux du sommeil de bébé, où chaque sieste nous rapproche de la compréhension de l'énigme enveloppée dans une grenouillère.

Comprendre les Cycles de Sommeil

Décortiquons le monde mystérieux du sommeil des bébés en plongeant dans l'univers des cycles de sommeil. Pensez à ces derniers comme à la section rythmique d'un groupe de jazz, définissant le rythme et l'ambiance de toute la performance - dans ce cas, le sommeil de votre bébé. Contrairement aux adultes, les bébés ont un cycle de sommeil qui ressemble plus à une promenade rapide autour du pâté de maisons qu'à un long marathon. Il se compose à la fois du sommeil actif (REM), où se produisent ces mignons tressaillements et sourires, et du sommeil calme (non-REM), le sommeil profond et réparateur. Maîtriser ces cycles est semblable à craquer un code secret, révélant le plan non seulement pour prolonger ces précieuses heures de sommeil mais aussi pour les rendre aussi rafraîchissantes que possible pour votre petit. Alors que l'importance du sommeil REM aura son moment sous les projecteurs plus tard, comprendre que votre bébé navigue entre ces étapes plusieurs fois par nuit est votre premier pas vers le nirvana du sommeil. Ainsi, en vous faufilant doucement dans la nurserie, vous ne bercez pas seulement votre bébé pour qu'il dorme ; vous vous engagez dans une danse finement réglée avec leurs rythmes naturels. Et rappelez-vous, naviguer sur cette piste de danse est moins une question de mouvements parfaits que d'être en harmonie avec le rythme.

• • • •

L'IMPORTANCE DU SOMMEIL REM chez les Nourrissons

Entrer dans le monde du sommeil infantile peut souvent sembler naviguer dans un labyrinthe dans l'obscurité. C'est un voyage rempli de virages, de détours et de trébuchements occasionnels sur quelque chose que vous ne pouvez pas tout à fait voir. Cependant, un phare qui peut aider à guider le chemin est la compréhension des facettes du sommeil des bébés, en particulier le royaume énigmatique du sommeil REM.

REM, signifiant Mouvement Rapide des Yeux, est le stade du sommeil où les rêves se produisent, et c'est un invité VIP à la fête du cycle de sommeil. Mais pourquoi, pourriez-vous demander, est-ce si crucial pour les nourrissons ? Eh bien, mettez vos lunettes de scientifique du sommeil, car nous sommes sur le point de plonger profondément dans le monde onirique du sommeil REM des nourrissons.

D'abord, il est important de noter que les nourrissons passent environ la moitié de leur temps de sommeil en REM, ce qui est une proportion considérablement plus grande comparée aux adultes. Ce n'est pas juste parce que les bébés sont de fervents rêveurs (bien que l'idée de ce dont ils pourraient rêver soit fascinante !). Le sommeil REM joue un rôle critique dans l'incroyable voyage de développement que les bébés entreprennent.

Un des rôles marquants du sommeil REM est sa contribution au développement du cerveau. Cette étape du sommeil est comme un camp d'entraînement nocturne pour le cerveau infantile. C'est un moment où les connexions neuronales qui forment la base de tout, de la marche et du parler au problème de résolution et à la régulation émotionnelle, sont renforcées et affinées.

Le cerveau d'un bébé triple de taille pendant sa première année, et le sommeil REM est un acteur clé dans cette rapide poussée de croissance. Pendant le REM, le cerveau bourdonne d'activité, entreprenant la tâche monumentale d'organiser le chaos d'informations et d'expériences absorbées pendant les heures éveillées.

De plus, le sommeil REM est crucial pour l'apprentissage et la consolidation de la mémoire. Même s'il peut sembler que les nourrissons ne font que manger et dormir, ils apprennent en fait à un taux étonnant. Chaque interaction avec leur environnement est une nouvelle leçon, et le sommeil REM aide à cimenter ces leçons dans la mémoire.

Il y a aussi des preuves suggérant que le sommeil REM joue un rôle dans la régulation émotionnelle. C'est comme si le cerveau utilisait ce temps pour pratiquer et traiter les émotions, ce qui pourrait expliquer pourquoi un sommeil REM adéquat est associé à des bébés plus heureux et plus contents pendant les heures éveillées.

Et n'oublions pas les avantages physiques. Le sommeil REM est associé à une production accrue de certaines protéines essentielles à la croissance et au développement. C'est pendant ce temps que le corps saisit l'opportunité de réparer et de développer le tissu musculaire, et même de travailler sur la densité osseuse.

Alors, comment pouvez-vous vous assurer que votre bébé obtient suffisamment de sommeil REM ? Un facteur clé est d'établir un horaire de sommeil cohérent. Bien que cela puisse sembler décourageant, particulièrement lorsque vous êtes vous-même privé de sommeil, maintenir une routine aide à réguler les cycles de sommeil naturels de votre bébé, augmentant les chances d'un sommeil REM adéquat.

Créer un environnement propice au sommeil joue également un rôle significatif. Cela inclut l'optimisation des conditions de la nurserie avec un bruit blanc réconfortant et un éclairage tamisé, le rendant propice à s'endormir et à passer sans heurt au stade REM.

Un autre conseil est d'observer et de répondre aux signaux de sommeil de votre bébé. Ce sont les moyens par lesquels votre bébé communique qu'il est prêt pour le sommeil, et les attraper au bon moment peut simplifier le voyage vers le pays des rêves.

Il est essentiel, cependant, d'aborder cette aventure avec patience. Chaque bébé est différent, et ce qui fonctionne pour un peut ne pas fonctionner pour un autre. Bien que l'objectif final d'assurer que votre bébé obtienne suffisamment de sommeil REM soit universel, le chemin pour y arriver peut être unique à chaque enfant.

Dans la grande carte des soins aux nourrissons, comprendre et prioriser le sommeil REM est comme trouver un chemin caché qui mène à un trésor de richesses développementales. C'est un voyage qui vaut bien la peine d'être entrepris, armé de connaissances, de patience et peut-être d'un peu d'humour pour éclairer le chemin. Souvenez-vous, bien que les nuits puissent parfois être longues, les années sont courtes. S'assurer que votre bébé obtient suffisamment de sommeil REM n'est pas juste une question de faciliter l'heure du coucher – c'est poser les fondations pour une vie de santé, de croissance et d'apprentissage.

Alors, avancez courageusement, brave navigateur du royaume du sommeil infantile. Équipé d'une compréhension de l'importance du sommeil REM, vous êtes bien préparé pour aider votre bébé à atteindre les nuits reposantes dont il a besoin pour prospérer. Et qui sait ? Peut-être que dans leurs aventures oniriques, ils applaudissent déjà vos efforts.

Reconnaître les Signes de Préparation au Sommeil

Alors que nous passons de la compréhension du ballet complexe des cycles de sommeil, notre prochaine étape dans notre symphonie du sommeil est d'apprendre à reconnaître quand votre bébé est prêt à se coucher. Cela, mes amis, n'est pas seulement utile ; c'est comme avoir une passe en coulisses pour le concert de sommeil de votre bébé. Reconnaître les signes de préparation au sommeil réduit non seulement les grognements mais pourrait littéralement faire la différence entre une nuit reposante et une rave organisée par bébé toute la nuit.

Premièrement, parlons du bâillement. Le bâillement est le langage universel pour "Je suis fatigué", et les bébés le parlent couramment. Si votre petit commence à bâiller, ce n'est pas parce qu'il trouve votre visage ennuyeux (espérons-le), mais plutôt, c'est la façon dont son corps dit : "Pouvons-nous appuyer sur le bouton pause de la vie pour un moment ?"

Ensuite, il y a les frottements des yeux. Quand les bébés sont fatigués, ils ont souvent tendance à se frotter les yeux. Ils n'essaient pas de se faire un mini massage facial ; au contraire, c'est leur manière d'essayer de repousser la somnolence. C'est comme s'ils pensaient : "Si je peux juste enlever ce sommeil de mes yeux, je peux continuer à faire la fête." Spoiler alert: ils ne peuvent pas.

Un autre signe révélateur est le classique tirage d'oreille. Parfois, quand les bébés sont fatigués, ils commencent à tirer sur leurs oreilles. C'est mignon mais aussi un petit drapeau signal qu'ils agitent qui lit : "Je suis prêt pour quelques zzz."

Observez le "regard dans le vide". Les bébés, tout comme les adultes, ont tendance à décrocher quand ils commencent à avoir sommeil. Si votre bébé commence à vous regarder, ou quelque chose d'autre, avec une expression vitreuse, il est probablement en train de s'enregistrer mentalement au pays des rêves.

L'agitation est un autre point important. Si votre bébé passe de zéro à grognon sans aucune raison évidente, il y a de fortes chances qu'il soit fatigué. C'est comme leur version d'une crise de colère due à la faim mais pour le sommeil.

La diminution de l'activité est également un signe. Si vos dynamos de temps de jeu semblent soudainement moins intéressées à conquérir la jungle du salon et plus à câliner, c'est l'heure de la sieste qui frappe à la porte.

Puis, il y a le phénomène "câlin". Un bébé habituellement indépendant pourrait soudainement vouloir plus de câlins quand il est fatigué. Ils cherchent essentiellement du confort et la réassurance que l'heure du coucher est proche, et que tout va bien dans leur monde.

Les paupières lourdes ne peuvent être ignorées. Si les paupières de votre bébé commencent à tomber comme s'ils essayaient de faire du développé-couché avec leurs cils, le sommeil est à l'horizon.

La diminution de la vocalisation est un autre indice subtil. Un bébé qui gazouille et babille habituellement pourrait se calmer quand il commence à avoir sommeil. C'est comme s'ils économisaient leurs cordes vocales pour une interprétation de minuit de "La Bannière étoilée".

Enfin, nous ne pouvons pas oublier la "perte soudaine d'intérêt pour les jouets". Un instant ils sont tout sur cette girafe qui couine, et l'instant d'après, c'est comme si la girafe n'avait jamais existé. Ce changement d'attention indique fortement qu'il est temps de passer du temps de jeu au temps de sommeil.

Reconnaître ces signes de préparation au sommeil n'est pas seulement une question de les attraper en flagrant délit ; il s'agit de répondre rapidement à eux. La fenêtre entre "Je commence à avoir sommeil" et "Je suis trop fatigué et je vais vous faire regretter de ne pas m'avoir mis au lit plus tôt" peut être étonnamment étroite. Agissez vite, et vous pourriez être le chef d'orchestre du train du sommeil, plutôt que le passager frénétique essayant de le rattraper après son départ.

Alors, que faites-vous une fois que vous avez repéré ces signes ? Commencez la routine du coucher de votre bébé sans tarder. Que cela implique un bain, un livre ou des câlins, la clé est la constance. Les bébés prospèrent sur la routine, et une solide routine de coucher est comme une couverture douillette pour leurs modèles de sommeil.

Ne soyez pas découragé si vous manquez les signes de temps en temps ; cela arrive aux meilleurs d'entre nous. L'objectif n'est pas la perfection mais plutôt l'amélioration. Avec le temps, vous deviendrez un véritable Sherlock Holmes du sommeil, apte à détecter le moindre indice de fatigue chez votre petit. Et quand vous le faites, la récompense d'un bébé paisiblement endormi (et le prix insaisissable de temps mort pour vous-même) en vaudra bien l'effort.

En conclusion, reconnaître les signes de préparation au sommeil de votre bébé est une compétence qui nécessite un peu de patience, un soupçon d'observation et beaucoup d'amour. En vous accordant à ces signaux, vous préparez le terrain pour une expérience de sommeil plus harmonieuse pour vous deux. Rappelez-vous, personne n'est né en sachant comment déchiffrer ces indices - c'est un art appris. Mais avec de la pratique, vous serez bientôt fluent dans la langue du sommeil de bébé, prêt à guider votre petit rêveur au pays des rêves avec aisance.

CHAPITRE 2 : Créer un Environnement Favorisant le Sommeil

Après avoir plongé dans les fondamentaux du sommeil de bébé, il est temps de s'attaquer à l'espace physique où toute la magie du sommeil se produit. Créer un havre qui murmure (ou, si vous préférez, chante doucement) "dors" à votre bébé est moins une question de dépenser pour le dernier équipement pour bébé le plus génial et plus une question de maîtriser quelques principes simples. Pensez que moins c'est plus, mais avec une touche de magie de l'heure du dodo. La bonne literie ne concerne pas seulement les adorables motifs qui correspondent au thème de votre chambre d'enfant, bien que, soyons honnêtes, c'est une partie assez amusante. Il s'agit de choisir des matériaux qui réconfortent et apaisent votre bébé dans un sommeil paisible. Et si vous n'avez jamais pensé au bruit blanc comme à une berceuse ou à un éclairage tamisé comme le signal ultime de l'heure du coucher, vous allez être surpris. Ces éléments fonctionnent comme par magie pour imiter le confort de l'utérus, disant essentiellement à votre bébé, "Hé, c'est bon de taper sur le bouton snooze." Alors, alors que nous entrons dans les détails de la transformation d'une pièce ordinaire en un sanctuaire du sommeil, rappelez-vous, il s'agit de préparer le terrain pour ces précieux zzz. Avec une touche d'humour pour vous garder sain d'esprit et des conseils pratiques visant à rendre le coucher moins une bataille, créons un environnement induisant le sommeil qui pourrait juste vous faire souhaiter de faire vous-même votre petit nid dans ce lit à barreaux. Bon, peut-être pas littéralement, mais vous voyez l'idée.

Choisir la Bonne Literie

Alors, vous avez enfin traversé la danse complexe de la compréhension des cycles de sommeil de votre bébé et vous êtes maintenant confronté à une autre tâche apparemment intimidante : choisir la bonne literie. Admettons-le, pour quelque chose qui est essentiellement un tas de couches de tissu, il y a une gamme étonnamment écrasante d'options disponibles. Mais n'ayez crainte, car nous sommes sur le point de simplifier les choses, en nous assurant que le lit de votre petit n'est pas seulement un havre de sommeil mais aussi un havre de sécurité.

La première chose à savoir, en ce qui concerne la literie pour bébé, moins c'est plus. Vous pourriez être tenté de décorer le lit de votre bébé avec les couvertures les plus moelleuses et les oreillers les plus doux que vous puissiez trouver. Cependant, les directives de sécurité recommandent de garder le lit aussi dépouillé que possible. Un drap-housse sur un matelas ferme est vraiment tout ce dont vous avez besoin. Simple, non ?

Maintenant, parlons des tissus. C'est comme choisir un costume de super-héros pour votre petit – vous voulez que le matériau soit super doux mais incroyablement durable. Le coton est un choix fantastique car il est doux, respirant et facile à laver. Une autre excellente option est le bambou, qui est non seulement lisse au toucher mais aussi écologique et possède des propriétés antibactériennes.

La taille compte (même si les femmes nous disent que non) dans le contexte de la literie pour bébés. Il est crucial de choisir des draps qui s'ajustent bien au matelas. Un drap lousse est à éviter car il pourrait devenir un danger. Imaginez essayer de dormir sur un lit où vos draps élaborent un plan d'évasion stratégique – pas très rassurant, n'est-ce pas ?

Pour ceux qui vivent dans des climats plus froids, ou lorsque l'hiver approche, vous vous demandez peut-être comment garder votre bébé au chaud. Au lieu de couvertures traditionnelles, les sacs de couchage conçus pour les bébés, également connus sous le nom de gigoteuses ou dormeuse, sont un excellent choix. Ils sont disponibles en différentes épaisseurs adaptées à différentes températures, et comme ils sont portables, il n'y a aucun risque qu'ils couvrent le visage de votre bébé pendant la nuit.

Voici un conseil sur les couleurs - bien qu'il puisse être tentant d'opter pour des blancs et des pastels (ils crient "bébé", après tout), ils pourraient ne pas être le choix le plus pratique compte tenu de la variété des façons dont les bébés excellent à créer des taches. Opter pour des motifs ou des couleurs légèrement plus foncées peut vous sauver d'un combat constant contre les taches.

En ce qui concerne l'imperméabilisation, il ne s'agit pas seulement d'accidents et de déversements. Un protège-matelas imperméable peut changer la donne, protégeant le matelas contre toutes sortes de fluides induits par le bébé et prolongeant sa vie de manière significative.

N'oublions pas les instructions de lavage. La literie pour bébés doit résister à des lavages fréquents. Recherchez des options qui sont lavables en machine et qui conservent leur forme et leur douceur lavage après lavage. Il s'agit moins de la mignonnerie initiale que de l'endurance face aux régurgitations, à la bave, et autres.

Ensuite, cela peut sembler un détail mineur, mais prêtez attention aux bords élastiques des draps-housses. Vous voulez qu'ils soient forts et extensibles, capables de maintenir une prise ferme sur le matelas. Des élastiques faibles peuvent rendre le drap mal ajusté, ce qui, comme nous l'avons établi, est un danger pour le sommeil et la sécurité.

Et pendant que nous sommes sur le sujet de la sécurité, abordons rapidement les tours de lit. Ils peuvent sembler cosy et protecteurs, mais ils sont à éviter selon les directives de sécurité en raison du risque de suffocation. Garder le lit sans encombrement est la meilleure approche.

Ne sous-estimez pas le pouvoir d'un bon surmatelas, non plus. Ils ajoutent une couche supplémentaire de confort et, tout comme le protège-matelas, ils aident à protéger le matelas des fuites de couches et des épisodes de régurgitations.

Concernant le grand débat sur la literie organique versus non-organique, si le budget le permet, la literie organique est faite de matériaux cultivés sans produits chimiques ou pesticides nocifs. Elle est douce pour la peau de votre bébé et bonne pour la planète, une situation gagnant-gagnant s'il en est une.

Maintenant, avec tous ces conseils en tête, il est temps pour un rapide retour à la réalité. Les bébés sont notoirement indifférents à l'esthétique de leur environnement de sommeil. Alors, bien qu'il soit tentant d'assortir la literie au thème de la nurserie, privilégiez le confort, la sécurité et la praticité au style. Votre bébé (et votre santé mentale) vous remerciera à long terme.

Enfin, et c'est loin d'être le moins important, n'oubliez pas de vous amuser un peu avec le processus. Oui, choisir la bonne literie nécessite de la réflexion et des soins, mais c'est aussi l'une des nombreuses premières étapes pour rendre la chambre de votre bébé un endroit spécial. Considérez-le comme la mise en place de la scène pour d'innombrables câlins endormis et des rêves remplis d'aventures.

Pour conclure, rappelez-vous que dans le grand schéma des choses, choisir la literie n'est qu'une part du vaste gâteau parental. Elle n'a pas besoin d'être parfaite - elle doit juste être sûre, confortable et remplie d'amour. Alors, prenez une grande respiration, faites vos choix et préparez-vous pour le voyage magique qui consiste à bercer votre petit au sommeil, nuit après nuit douce.

Le Rôle du Bruit Blanc et de l'Éclairage Tamisé

Alors, après avoir préparé la scène avec le bon type de literie douillette qui murmure pratiquement "dors bien" à votre petit trésor, il est temps de plonger plus profondément dans la magie induisant le sommeil. Entrez dans le monde du bruit blanc et de l'éclairage tamisé ; ces deux éléments jouent les acolytes du sommeil de votre bébé comme un ours gentil et son grognement doux et réconfortant dans la nuit. Confus ? Restez avec moi ; tout aura du sens dans un instant.

D'abord, abordons le monde fascinant du bruit blanc. Imaginez, si vous voulez, le bourdonnement constant d'un ventilateur ou le bruissement lointain d'une douche en cours. Ces sons ne crient pas nécessairement "berceuse", mais dans l'univers du sommeil des bébés, ils sont l'équivalent d'un coup de poing knockout dans un combat pour le titre poids lourd. Pourquoi ? Parce que les bébés ne recherchent pas le silence. Ils ont passé toute leur existence (jusqu'à présent) dans un endroit bien plus bruyant que votre salon lors d'une soirée cinéma - l'utérus. Le bruit blanc imite ces sons ambiants, fournissant une toile de fond apaisante qui peut aider à étouffer les bruits saisissants ou imprévisibles du foyer, gardant ainsi la visite du marchand de sable sans entrave.

Beaucoup de parents, dont ma femme, trouvent que l'utilisation d'une machine à bruit blanc devient leur tactique de prédilection dans la trousse à outils induisant le sommeil. C'est comme avoir votre DJ personnel de sommeil de bébé, mixant un mix des 'Top 40 plus grands hits' dans le monde du bruit blanc - pensez aux vagues qui s'écrasent, à la pluie qui tombe, ou même au statique d'une vieille radio. L'astuce est de trouver le bon volume (nous visons un bourdonnement doux, pas un concert de rock) et de s'assurer que c'est un son constant, invariable.

Maintenant, tamisons les lumières et préparons la scène. L'éclairage tamisé imite le crépuscule du monde réel, signalant au cerveau de votre bébé qu'il est temps de se détendre. C'est un indice subtil mais qui s'aligne sur nos rythmes circadiens naturels. Avez-vous déjà remarqué comment un coucher de soleil vous rend somnolent, ou au moins plus détendu que le soleil de midi ? C'est la façon dont la nature utilise la lumière (ou son absence) pour dicter nos cycles de sommeil-éveil. Pour les bébés, qui commencent juste à comprendre le jour et la nuit, cela est incroyablement utile.

Investir dans des lumières qui tamisent ou installer une petite veilleuse de ton chaud peut transformer une nursery en un cocon douillet de somnolence. La clé ici est d'éviter les lumières dures ou brillantes, car elles peuvent tromper les petits cerveaux en pensant qu'il est temps de se réveiller et d'explorer, pas de se blottir et de rêver de lait et de câlins.

Mais pourquoi combiner le bruit blanc et l'éclairage tamisé ? Pourquoi ne pas juste choisir l'un et appeler ça une nuit ? Eh bien, c'est parce qu'ils travaillent ensemble comme le beurre de cacahuète et la confiture. Le bruit blanc crée le paysage sonore réconfortant et constant, tandis que l'éclairage tamisé construit l'atmosphère visuelle qui encourage le sommeil. Ensemble, ils sont un duo dynamique, luttant contre les voleurs de sommeil communs comme les bruits soudains ou trop de stimulation.

Mettre en œuvre ces stratégies ne nécessite pas non plus un doctorat en science du sommeil. Il s'agit de créer une routine et de s'y tenir. Peut-être commencez-vous par tamiser les lumières pendant le dernier biberon ou la dernière tétée de la nuit, puis activez la machine à bruit blanc lorsque vous couchez votre bébé. La constance est la clé : plus l'environnement devient routinier, plus les signaux de sommeil pour votre bébé sont forts.

Bien sûr, il est également essentiel d'ajuster en fonction de la réaction de votre bébé. Certains bébés pourraient préférer les sons de l'océan au bruit blanc, tandis que d'autres pourraient mieux dormir avec une veilleuse légèrement plus brillante. C'est un peu d'essais et d'erreurs, mais lorsque vous trouvez le point idéal, c'est comme si les étoiles s'alignaient, et la nuit redevient un royaume paisible une fois de plus.

Et en cas de coupure de courant ou de voyage, vous demandez-vous ? N'ayez crainte ! De nombreuses machines à bruit blanc portatives ou fonctionnant sur batterie peuvent facilement se glisser dans un sac à langer, et les veilleuses fonctionnant sur batterie assurent que l'environnement de sommeil de votre bébé soit aussi constant qu'à la maison, peu importe où vous êtes.

En conclusion, pensez au bruit blanc et à l'éclairage tamisé comme à vos armes secrètes dans la bataille pour un meilleur sommeil. Ils ne sont pas seulement des outils ; ils sont des alliés dans la création d'un environnement apaisant et propice au sommeil qui invite votre bébé au pays des rêves. En accordant de l'importance à ces éléments, vous n'aidez pas seulement votre bébé à dormir ; vous mettez en place des habitudes de sommeil saines qui peuvent durer toute une vie.

Rappelez-vous, chaque bébé est unique, et ce qui fonctionne à merveille pour l'un peut ne pas fonctionner pour un autre. Mais ne perdez pas espoir ; le voyage pour trouver le cadre de sommeil parfait fait partie de l'aventure. Avec un peu de patience, d'expérimentation et une touche d'humour pour éclairer le chemin, vous découvrirez bientôt la formule magique qui convient le mieux à votre petit rêveur. Et lorsque vous le ferez, vous et votre bébé serez d'autant plus reconnaissants.

Alors, alors que nous concluons ce chapitre sur les ingrédients enchantés du bruit blanc et de l'éclairage tamisé, gardez à l'esprit que l'objectif ici n'est pas seulement le sommeil, mais un sommeil paisible et réparateur pour votre bébé (et soyons honnêtes, pour vous aussi). Avec ces stratégies dans votre boîte à outils parentale, vous êtes bien en route pour maîtriser l'art du sommeil de bébé. Maintenant, allez de l'avant et créez cet havre douillet induisant le sommeil. Les rêves de votre bébé vous attendent.

Chapitre 3 : Méthodes d'Apprentissage du Sommeil

Plongeons dans la crème de la crème du sommeil de bébé, le Saint Graal de la paix nocturne : les méthodes de formation au sommeil. Vous avez préparé votre pépinière, un lit plus doux qu'un nuage dans un dessin animé, et assez de bruit blanc pour noyer un concert de rock. Mais si votre petit humain décide que c'est l'heure de la fête à 3 heures du matin, tous les paris sont annulés. Entrez dans l'arène les gladiateurs de la formation au sommeil : la technique du Cry-It-Out (CIO) et l'Approche Sans Larmes. Ne vous méprenez pas ; il ne s'agit pas de transformer votre maison en un camp d'entraînement pour bébé. Ces méthodes visent à enseigner à votre bébé la compétence inestimable de l'auto-apaisement, afin qu'ils puissent glisser dans le pays des rêves plus vite que vous ne pouvez dire "dormir comme un bébé". La méthode Cry-It-Out ne consiste pas à laisser votre enfant pleurer jusqu'à l'oubli, mais plutôt à comprendre qu'il est normal qu'ils pleurent un peu en apprenant à s'endormir seuls. À l'opposé, l'Approche Sans Larmes concerne l'encouragement doux, aidant votre bébé à se sentir en sécurité et aimé alors qu'ils s'endorment. Ainsi, que vous soyez un sensei du sommeil aux nerfs d'acier prêt à adopter la méthode CIO ou un ange gardien au cœur tendre penché vers l'Approche Sans Larmes, connaître ces stratégies vous dotera des outils nécessaires pour vous lancer dans une aventure de formation au sommeil. Et ne vous inquiétez pas ; nous garderons les choses légères et sans jugement parce que, avouons-le, être parent est déjà assez sauvage sans ajouter les pleurs induits par le manque de sommeil à l'équation.

La Technique du Cry-It-Out (CIO)

Explorons l'une des méthodes de formation au sommeil les plus discutées : la technique du Cry-It-Out (CIO). Avant que quiconque commence à imaginer un bébé pleurant pendant des heures d'affilée tandis que ses parents ignorent froidement ses cris, clarifions quelques idées fausses. La méthode CIO ne concerne pas la négligence mais aide votre bébé à apprendre à s'auto-apaiser et à s'endormir seul. Pensez-y comme à enseigner à votre bébé une compétence de vie essentielle, avec un peu de protestation de leur part, un peu comme ils pourraient résister à manger leurs légumes.

Dans son essence, la technique CIO est simple en théorie. L'idée est de coucher votre bébé alors qu'il est encore éveillé mais somnolent. Ensuite, vous quittez la pièce et le laissez "pleurer" jusqu'à ce qu'il s'endorme sans aucune intervention de votre part. Cela semble simple, non ? Mais l'exécution peut susciter toute sorte d'émotions, pas seulement pour le bébé, mais aussi pour les parents.

Il est crucial de comprendre que CIO ne signifie pas laisser votre bébé pleurer indéfiniment. Il existe des variations de la méthode. Certains parents utilisent une approche minutée, où ils laissent leur bébé pleurer pendant une durée déterminée avant d'entrer pour offrir un peu de confort, puis repartir, et répéter le processus jusqu'à ce que le petit s'endorme. Cette méthode tente de trouver un équilibre entre offrir du réconfort et encourager l'auto-apaisement.

Le timing peut varier considérablement d'une famille à l'autre. Certains peuvent commencer par des intervalles aussi courts que cinq minutes, les prolongeant progressivement. D'autres peuvent se sentir à l'aise de commencer directement avec des intervalles plus longs. Il s'agit de trouver un rythme qui vous convient, à vous et à votre bébé, en respectant vos limites et les leurs.

Décider d'utiliser la méthode CIO nécessite un engagement. Ce n'est pas facile d'écouter son bébé pleurer, même pendant une courte période. C'est pourquoi il est essentiel d'être constant une fois que vous commencez. Alterner les méthodes nuit après nuit peut confondre votre bébé et rendre le processus plus long et plus difficile pour tous les impliqués.

Parlons de l'âge. La technique CIO est généralement recommandé pour les bébés d'au moins quatre à six mois, lorsqu'ils sont développements capables de dormir toute la nuit. Avant cet âge, les besoins alimentaires des bébés peuvent rendre nécessaire leur réveil nocturne, et ils pourraient ne pas être prêts, d'un point de vue développemental, pour l'auto-apaisement. Il est toujours important de discuter de toute méthode de formation au sommeil avec votre pédiatre avant de commencer.

Maintenant, la question à un million de dollars : cela fonctionne-t-il ? Pour de nombreuses familles, oui. La méthode CIO peut être très efficace pour enseigner aux bébés à s'endormir seuls. Cependant, le succès dépend de plusieurs facteurs, y compris le tempérament du bébé, la constance des parents et si les besoins de base du bébé sont satisfaits avant le coucher

Il convient également de noter que la méthode CIO n'est pas pour tout le monde. Cela peut être émotionnellement difficile pour les parents d'entendre leur bébé pleurer, même pendant de courtes périodes. C'est correct si vous commencez cette méthode et réalisez qu'elle ne convient pas à votre famille. Il existe plusieurs autres méthodes de formation au sommeil, et parfois il faut un peu d'expérimentation pour trouver la bonne.

Pour ceux qui choisissent la méthode CIO, la préparation est clé. Assurez-vous que votre bébé a suffisamment mangé, a une couche propre et a reçu beaucoup de câlins avant le coucher. Établir une routine de coucher réconfortante peut également signaler à votre bébé qu'il est temps de se détendre et de se préparer au sommeil. Cette routine pourrait inclure un bain chaud, une histoire ou une douce berceuse.

Pendant le processus, il est important de surveiller les pleurs de votre bébé. Alors que l'objectif est qu'ils s'auto-apaisent, vous devrez différencier entre les pleurs de détresse et les gémissements ou grognements plus typiques. Si les pleurs s'intensifient au point où vous êtes inquiet, il est toujours correct de vérifier votre bébé. La sécurité et le bien-être passent avant tout, et vous connaissez votre bébé mieux que quiconque.

Rappelez-vous, la constance est la clé. Une fois que vous décidez des intervalles entre les vérifications, tenez-vous-y autant que possible. Cependant, il est également crucial d'être flexible et réactif aux besoins de votre bébé. Certaines nuits peuvent être plus difficiles que d'autres, et il est correct d'ajuster votre approche au besoin.

Les parents qui ont traversé la méthode CIO rapportent souvent qu'après quelques nuits difficiles, leurs bébés commencent à apprendre la compétence de l'auto-apaisement, menant à des nuits plus reposantes pour tout le monde. Cela peut être un voyage difficile, mais la récompense d'une bonne nuit de sommeil pour votre bébé (et pour vous !) peut en valoir la peine.

Enfin, il est essentiel de prendre soin de vous, parents. Écouter votre bébé pleurer, même pendant de courts intervalles, peut être déchirant. Soutenez-vous mutuellement, et n'hésitez pas à rejoindre une communauté de parents qui ont été dans votre situation. Partager des expériences et des conseils peut apporter du confort et l'assurance que vous n'êtes pas seul dans ce voyage.

En conclusion, la méthode Cry-It-Out est l'une des nombreuses techniques de formation au sommeil conçues pour enseigner aux bébés l'indispensable compétence de l'auto-apaisement. Son efficacité varie d'une famille à l'autre, en fonction de nombreux facteurs tels que l'âge du bébé, son tempérament et l'application constante de la méthode. C'est un choix personnel, qui nécessite préparation, engagement et parfois une bonne dose de résilience émotionnelle. Mais pour beaucoup, le résultat est un bébé qui dort toute la nuit, ouvrant la voie à des jours plus heureux remplis de nouvelles aventures et de croissance.

L'Approche Sans Larmes

Clarifions quelque chose, d'accord ? Convaincre un bébé d'embrasser le pays des rêves sans verser une larme peut sembler être un mythe de licorne, mais c'est aussi réel que votre épuisement. Bienvenue dans l'approche sans larmes, une méthode douce de formation au sommeil qui respecte le bien-être émotionnel de votre bébé et le vôtre. Cette stratégie repose sur le concept que vous pouvez aider votre bébé à apprendre à s'apaiser pour s'endormir sans devoir pleurer. Soyons clairs, cette méthode n'est pas une solution rapide. Si vous recherchez un succès du jour au lendemain, vous voudrez peut-être consulter la méthode du cry-it-out abordée précédemment. Mais si la simple pensée vous fait jouer une mélodie triste, restez à l'écoute.

Mettre en œuvre l'approche sans larmes nécessite de la patience, de la constance et une boîte à outils de stratégies qui n'impliquent pas de laisser votre bébé pleurer seul. L'un des premiers pas est de créer une fondation solide en établissant une routine du coucher apaisante. Pensez-y comme à préparer le terrain pour le sommeil : un bain chaud, une histoire tranquille et une douce berceuse peuvent faire des merveilles. Cette routine devient un signal pour votre bébé qu'il est temps de se détendre. C'est le plat réconfortant de la formation au sommeil ; familier, apaisant et incroyablement satisfaisant une fois que vous l'avez bien en main.

Maintenant, vous pourriez vous demander : "Que faire s'ils commencent à s'agiter ?" Ah, la question à un million de dollars ! Au lieu de prendre la fuite, abordez cela avec le calme d'un moine. Lorsque votre bébé commence à grogner, offrez-lui du réconfort en le tapotant, en chuchotant, ou en utilisant toute technique apaisante qui le rend moins grognon. L'objectif ici n'est pas d'éviter totalement les pleurs - cela serait aussi probable qu'un bébé changeant sa propre couche. Il s'agit de réagir avant que les gémissements ne se transforment en un véritable concert. Cela enseigne à votre bébé qu'il est soutenu, mais cela le pousse également vers l'auto-apaisement, car, finalement, il s'endort sans être bercé ou nourri pour y parvenir.

Adapter la méthode sans larmes peut prendre du temps, et il est facile de se sentir comme si vous tentiez de résoudre un cube Rubik dans le noir. Mais la constance est la clé. Maintenez votre routine du coucher, répondez aux besoins de votre bébé avec réconfort, mais évitez de créer de nouvelles béquilles pour le sommeil. Avec le temps, votre bébé commencera à capter ces indices et apprendra que le sommeil est une mission solo pour laquelle il est prêt à s'embarquer. C'est un peu comme leur apprendre à faire du vélo avec des roues d'entraînement ; vous êtes là pour soutenir, pas pour le faire à leur place.

Rappelez-vous, chaque bébé est aussi unique qu'un flocon de neige en été au Texas, donc la flexibilité est votre amie. Ce qui fonctionne comme par magie une nuit peut se heurter à de la résistance la suivante. Soyez prêt à ajuster votre approche au besoin, mais toujours avec une base de gentillesse et de patience. Adoptez la méthode sans larmes avec un cœur ouvert, et vous trouverez un chemin vers des nuits paisibles qui semble juste pour vous et votre bébé. Et n'est-ce pas le rêve ?

Chapitre 4 : Créer le Programme de Sommeil de Votre Bébé

Admettons-le, construire un programme de sommeil pour votre petit trésor est comme élaborer une symphonie finement accordée avec des chats comme musiciens (Tout le mon-de, tout le mon-de, tout le monde veut dev'nir un cat). Pourtant, maîtriser ce concert chaotique est essentiel à la fois pour votre santé mentale et le bien-être de votre bébé. Commencer par comprendre les rythmes naturels de votre bébé, qui sont semblable à un ancien, quoique adorable, langage, est la fondation. Il s'agit d'observer ces bâillements, frottements des yeux et les moments de 'regard dans le vide' qui crient plus fort que les mots que le sommeil est proche. Pourtant, passer de A à B ne concerne pas seulement la capture de ces signaux ; il s'agit de créer un rythme auquel votre bébé peut se trémousser - un programme constant mais flexible qui s'ajuste à mesure qu'ils grandissent plus vite qu'une addiction aux téléphones chez les adolescents.

Le timing, comme on dit à la fois en comédie et dans les programmes de sommeil des bébés, est tout. Visez ce point idéal, pas trop tôt pour qu'ils soient plus branchés qu'une connexion internet haute vitesse et pas trop tard pour que la fatigue extrême les transforme en mini Hulk imprévisible. Équilibrer les siestes n'est pas juste une stratégie de jour mais un art, s'assurant qu'elles sont assez longues pour être réparatrices mais pas tellement longues qu'ils font la fête toute la nuit. L'astuce n'est pas juste dans le timing mais dans l'ajustement, peaufinant les siestes et les nuits de sommeil à mesure que votre petite merveille grandit et change plus vite que les tendances de la mode. Rappelez-vous, tandis que l'objectif ultime est d'aider votre bébé (et vous-même) à obtenir plus de zzz, le voyage est rempli d'essais, d'erreurs et de la fête inattendue de minuit occasionnelle. Alors, embrassons le chaos, armés de connaissances et d'un sens de l'humour, pour créer un programme de sommeil qui est plus une mélodie harmonieuse qu'un cauchemar cacophonique.

Le ''Timing'' Idéal pour le Sommeil

Alors, vous avez décoré la chambre de bébé dans des couleurs apaisantes, la machine à bruit blanc est en marche, et ces adorables pyjamas à pieds sont prêts à l'emploi – mais quand exactement devriez-vous coucher votre petit humain ? Trouver le moment idéal pour le sommeil est comme trouver une licorne dans une botte de foin qui prend le thé avec un lutin (ma fille trouve ça drôle quand je dis ça) ; c'est pure magie lorsque vous trouvez le point idéal. Au début, votre bébé va beaucoup dormir, mais en règle générale, le sommeil nocturne devrait commencer entre 19h et 20h. Pourquoi, demandez-vous ? Cette fenêtre s'aligne magiquement avec leurs rythmes circadiens naturels, rendant la descente au pays des rêves plus douce et synchronisant leur cycle de sommeil-éveil magnifiquement avec le lever et le coucher du soleil. Il ne s'agit pas seulement pour eux de rattraper le sommeil – c'est votre ticket pour une pause prévisible où vous pouvez recharger vos batteries (ou regarder en rafale votre série préférée – aucun jugement ici – moi, je regarde des vidéos de bras de fer). Et rappelez-vous, la constance est la clé ; une heure de coucher régulière aide non seulement le cerveau de votre bébé à savoir quand il est temps de se déconnecter et pourrait juste vous donner la structure en soirée dont vous ignoriez avoir besoin dans votre vie. Alors, visons cette heure magique, et tant qu'à faire, pourquoi ne pas ajouter une histoire du soir pour faire bonne mesure ? Parce que, avouons-le, se préparer pour la nuit devrait être aussi confortable que ces pyjamas à pieds.

Ajuster le programme au fur et à mesure que votre bébé grandit

Admettons-le, gérer le programme de sommeil d'un bébé, c'est comme naviguer avec un navire à travers une mer constamment changeante. Juste au moment où vous pensez avoir maîtrisé leurs habitudes, voilà qu'une poussée de croissance, les dents, ou un bond développemental vient tout bouleverser. La clé ? Être aussi adaptable que les besoins toujours changeants de votre petit.

Durant les premiers mois, le programme de sommeil de votre bébé sera aussi imprévisible qu'une partie de roulette. Mais à mesure qu'ils grandissent, des modèles commencent à émerger. Il est tentant de s'accrocher à ces modèles naissants comme à une bouée de sauvetage, mais il est crucial de se rappeler qu'à mesure que votre bébé grandit, ses besoins de sommeil évolueront. C'est là que l'art de peaufiner leur programme de sommeil entre en jeu, le transformant d'une structure rigide en une danse fluide qui correspond à leur étape de développement.

Maintenant, parlons stratégie. Premièrement, surveillez les signes de sommeil de votre bébé et leur humeur générale. Deviennent-ils plus grognons en soirée ? Peut-être est-il temps d'avancer un peu l'heure du coucher. Les siestes matinales deviennent-elles un champ de bataille ? Cela pourrait être un signe qu'il faut ajuster le moment ou la durée. L'astuce n'est pas d'attendre un signe parfait écrit dans les étoiles, mais de chercher les indices subtils que votre bébé vous donne. Pensez à vous comme un détective dans le jeu du sommeil, rassemblant des indices pour résoudre le mystère du programme de sommeil parfait.

À mesure que votre bébé passe du poupon au bambin, vous remarquerez encore plus de changements. Ces deux siestes par jour peuvent soudainement sembler une de trop, et vous trouverez que l'heure du coucher devient une affaire qui s'éternise. C'est votre signal pour ajuster en conséquence, peut-être en passant à une sieste par jour et en modifiant l'heure du coucher pour s'assurer qu'ils obtiennent toujours la quantité de sommeil recommandée. Rappelez-vous, la flexibilité est votre amie, pas un signe de défaite. Il s'agit d'adapter pour assurer que votre bébé — et par extension, vous — obtenez le sommeil dont vous avez tous deux désespérément besoin.

Enfin, ne vous lancez pas seul dans cette aventure. Gardez votre pédiatre informé des transitions de sommeil de votre bébé. Ils peuvent offrir des conseils et vous rassurer que ces ajustements sont normale dans la croissance de votre enfant. Et parce que la situation de chacun est unique, ce qui fonctionne pour un bébé peut ne pas fonctionner pour un autre. Embrassez le processus de découverte de ce qui est le mieux pour les besoins de sommeil de votre enfant. Avec un peu de patience, une pincée d'humour et une bonne dose de flexibilité, vous naviguerez dans ce voyage comme le capitaine aguerri d'un navire, apte à ajuster les voiles pour correspondre aux vents toujours changeants des besoins de sommeil de votre bébé.

Les Siestes : Combien ? Combien de Temps ?

Alors, nous avons abordé la lourde tâche de mettre en place une routine du coucher qui ressemble quelque peu à une machine bien huilée - à quelques grincements près. Maintenant, plongeons dans le domaine des siestes, un territoire connu pour son imprévisibilité et, franchement, sa capacité à faire ou défaire la journée d'un parent. Combien de siestes sont nécessaires, et combien de temps chacune doit-elle durer ? Les réponses ne sont pas aussi simples que vous pourriez l'espérer, mais elles sont cruciales pour élaborer un programme qui garde votre bébé non seulement heureux mais aussi en marche régulière vers une bonne nuit de sommeil.

D'abord, le nombre de siestes. Pour les nouveau-nés, le terme "sieste" est un peu un abus de langage – c'est plutôt une série de courtes siestes saupoudrées tout au long du jour et de la nuit. Mais à mesure que votre bébé grandit, le chaos commence à s'ordonner, se transformant en un modèle plus prévisible. Généralement, les nourrissons passent à trois ou quatre siestes vers le cap des 4 mois, puis réduisent à deux siestes lorsqu'ils atteignent le jalon de six mois. Lorsque votre petit explorateur commence à trotter, vers 12-18 mois, il sera probablement passé à une sieste par jour. Cette réduction du nombre de siestes est une progression naturelle à mesure qu'ils nécessitent plus d'interaction et de stimulation pendant leurs heures d'éveil.

Maintenant, pour la durée des siestes. Si vous ne l'avez pas rapidement réalisé, les bébés n'ont pas reçu le mémo sur la sieste idéale de 90 minutes. Dans les premiers mois, les durées des siestes peuvent varier énormément, allant de 20 minutes à quelques heures. Résistez à l'envie de réveiller votre bébé si une sieste se prolonge au-delà de la plage "normale", car c'est leur manière de rattraper le sommeil essentiel. Aussi difficile que cela puisse être, essayez de ne pas vous obséder sur l'horloge. Concentrez-vous plutôt sur le fait d'assurer que votre bébé obtient suffisamment de sommeil sur une période de 24 heures –

cela inclut à la fois le sommeil nocturne et les siestes combinées. Le nombre magique ? Les nouveau-nés ont besoin d'environ 14-17 heures, tandis que les tout-petits ont besoin d'environ 11-14 heures.

Alors, comment encourager des siestes plus longues et plus cohérentes ? Cela commence par comprendre les signaux de sommeil de votre bébé et mettre en place les conditions propices au sommeil avec une routine pré-sieste constante. Oui, nous parlons d'une version plus courte de votre routine du coucher – peut-être une chanson, un câlin ou un livre. Le but ? Signaler à votre bébé qu'il est temps de se déconnecter. Gardez l'environnement de sommeil cohérent avec ce à quoi ils sont habitués la nuit. Cela signifie utiliser des rideaux occultants si vous en avez et maintenir une température de chambre confortable.

Rappelez-vous, établir une routine de sieste est plus un art qu'une science. Il y aura des jours où tout se passe à merveille et d'autres où cela ressemble à la guerre. Soyez flexible. Ajustez les heures des siestes en fonction de comment se déroule la journée plutôt que de vous en tenir rigoureusement à un programme. Certains jours, votre bébé aura besoin de plus de sommeil, et d'autres jours de moins. C'est juste la manière du monde des bébés. En restant réactif aux besoins de votre enfant et en maintenant une apparence de routine, vous trouverez votre chemin à travers le labyrinthe des siestes.

Chapitre 5 : Naviguer dans les Défis et Solutions du Sommeil

Alors, vous avez maîtrisé l'art de créer l'environnement parfait pour induire le sommeil, et vous avez un programme de sommeil qui semble si parfait sur le papier qu'il pourrait presque être encadré. Pourtant, vous voici, les yeux larmoyants et caféiné, vous demandant pourquoi votre bébé n'a pas reçu le mémo. Bienvenue au Chapitre 5, où nous plongeons dans le manège sauvage de la navigation à travers les défis du sommeil et partageons des solutions qui pourraient bien être votre billet pour le pays des rêves. Soyons honnêtes, résoudre les casse-têtes du sommeil de votre bébé peut sembler un peu comme essayer de calmer une tempête avec une berceuse. Mais n'ayez crainte ! Que ce soit le cauchemar des réveils nocturnes ou la bataille des transitions de siestes, nous avons des stratégies aussi efficaces que douces. Pas besoin de vous préparer pour une bataille de volontés sans fin. Considérez plutôt ce chapitre comme votre manuel pour doucement guider votre bébé vers de meilleures habitudes de sommeil sans perdre votre santé mentale. De la compréhension des causes profondes des perturbations nocturnes aux transitions douces entre les phases de sommeil, nous sommes là pour vous. Et rappelez-vous, même si cela peut sembler que vous naviguez dans des territoires inexplorés en pleine nuit, chaque défi est une occasion d'approfondir votre compréhension des besoins de sommeil uniques de votre bébé. Alors, retroussons nos manches, soyons un peu inventifs, et peut-être, juste peut-être, réussirons-nous à glaner quelques zzz de plus pour tous les impliqués.

Faire Face aux Réveils Nocturnes

Alors, vous avez enfin réussi à faire dormir votre bébé toute la nuit, du moins le pensiez-vous. Soudain, vous êtes réveillé par un cri familier aux heures beaucoup trop matinales. Bienvenue dans les montagnes russes des réveils nocturnes. Tout d'abord, clarifions une chose : c'est normal. Les bébés et les jeunes enfants se réveillent souvent la nuit pour une variété de raisons - faim, poussées dentaires, bonds de développement, vous l'appelez. Bien que cela puisse sembler une vendetta personnelle contre votre sommeil, ce n'est qu'une phase, et avec quelques manœuvres stratégiques, vous sortirez tous les deux plus reposés de l'autre côté.

La première arme de votre arsenal pour sauver le sommeil est de comprendre la cause. Si c'est la faim, un repas rapide pourrait résoudre le problème. Pour les bébés plus âgés, s'assurer qu'ils mangent suffisamment pendant la journée peut aider à minimiser les réveils motivés par la faim. Douleur de poussée dentaire ? Un apaisement doux et, si approuvé par votre pédiatre, un peu de soulagement de la douleur pourraient faire l'affaire. Pour ces réveils mystérieux sans cause apparente, envisagez des méthodes douces de formation au sommeil qui encouragent l'auto-apaisement. Rappelez-vous, la constance est la clé. Changer votre approche nuit après nuit peut confondre votre bébé et prolonger le processus.

Créer une routine du coucher réconfortante peut également faire des merveilles. Un bain chaud, une douce berceuse ou un massage tendre peuvent signaler à votre bébé qu'il est temps de se calmer pour la nuit. Cela ne signifie pas que vous mettez en place un spectacle nocturne complexe ; la simplicité est votre amie ici. L'objectif est de rendre le coucher une expérience prévisible et apaisante que votre bébé attend avec impatience, et non quelque chose qui nécessite un organisateur d'événements.

Rappelez-vous de l'environnement que vous avez mis en place, comme discuté dans les chapitres précédents ? Il est particulièrement crucial lors des réveils nocturnes. Garder les lumières tamisées et les sons doux tout en s'occupant de votre bébé peut aider à maintenir une atmosphère propice au sommeil. Cela les encourage à se rendormir au lieu de se réveiller complètement et de penser que c'est l'heure de jouer à 2 heures du matin. Oui, jouer à coucou-caché est amusant, mais peut-être pas autant quand vous luttez pour garder les yeux ouverts.

Enfin, n'oubliez pas de prendre soin de vous. Gérer les réveils nocturnes peut être une épreuve de patience et d'endurance. Assurez-vous de vous reposer lorsque vous le pouvez et n'hésitez pas à demander de l'aide si nécessaire. Un parent bien reposé est mieux équipé pour gérer les aventures nocturnes imprévisibles de leur bébé. Rappelez-vous, cette phase n'est pas éternelle, et avec une touche d'humour, un zeste de persistance et les bonnes stratégies, vous trouverez votre chemin vers des nuits plus paisibles.

La Transition de Deux Siestes à Une

Imaginez ceci : Vous avez enfin pris le rythme du programme de siestes de votre bébé, deux pauses bienheureuses dans votre journée où le silence est l'invité d'honneur. Puis, comme si votre petit avait rejoint un syndicat et demandé un changement d'horaire, ces deux siestes ne s'insèrent plus confortablement dans la journée. Oui, il est temps de passer du mambo à deux siestes au tango à une sieste, et je suis ici pour être votre instructeur de danse. Cela semble intimidant, mais avec une touche d'humour et un peu de stratégie, nous aurons votre bébé (et vous) en cadence en un rien de temps.

Tout d'abord, reconnaître qu'il est temps de faire la transition est essentiel. Les bébés montrent généralement leur "prêtitude" pour ce changement autour de 12 à 18 mois. Les indicateurs incluent le fait de jouer pendant l'heure de la sieste ou de traiter l'heure du coucher comme une rave de minuit. Maintenant, ne laissez pas tomber une sieste comme une pomme de terre chaude ; nous visons ici une transition en douceur. Pensez-y comme enlever lentement les roues d'entraînement, et non pas comme jeter le vélo.

Commencez par repousser graduellement la sieste du matin, environ 10 à 15 minutes tous les quelques jours, permettant à l'horloge interne de votre petit de s'ajuster. Ce n'est pas une course, et la patience s'avérera être une vertu. Pendant cette transition, votre bébé pourrait montrer des signes de fatigue plus tôt que leur nouveau temps de sieste. Engagez-vous dans des activités légères et apaisantes pour combler l'écart. La lecture ou une promenade douce peuvent faire des merveilles pour les garder éveillés et contents jusqu'à ce que l'heure de la sieste désignée arrive.

Ce ne sera pas toujours une navigation en douceur - attendez-vous à une certaine résistance et peut-être à quelques après-midis grognons. Gardez les yeux sur le prix : établir une routine de sieste fiable et réparatrice qui rechargera les batteries de votre bébé pour la seconde moitié de la journée. Assurez-vous que l'environnement de sommeil est propice à une sieste solide. Cela inclut de prendre en compte les éléments abordés dans les chapitres précédents, tels qu'une pièce sombre et peut-être un peu de bruit blanc. La constance est votre alliée, renforçant ce nouveau programme jusqu'à ce qu'il devienne une seconde nature.

Enfin, n'oubliez pas de prendre soin de vous dans cette transition. Changer les horaires peut être aussi fatigant pour vous que pour votre bébé. Donnez-vous un peu de répit, célébrez les petites victoires et souvenez-vous que chaque parent naviguant sur ce chemin a fait face à un ou deux faux pas. Gardez le sens de l'humour face aux imprévus, et bientôt, cette routine à une sieste sera une partie harmonieuse de votre journée. Croyez-moi, le nouveau rythme de vos journées vous fera danser de joie - au moins au sens métaphorique.

Chapitre 6 : L'Impact de l'Alimentation sur le Sommeil

Soyons honnêtes un instant. Vous est-il déjà arrivé de dévorer un énorme burrito juste avant de vous coucher, puis de passer toute la nuit à vous retourner, hanté par une indigestion ? Maintenant, imaginez que vous êtes un bébé (restez avec moi). La nourriture que vous consommez – ou plus exactement, que vos parents déposent amoureusement dans votre bouche impatiente – peut être le héros méconnu ou le vilain sournois en coulisses de votre saga du sommeil. Dans ce chapitre, nous plongeons dans le délicieux monde de l'alimentation et son impact sur le sommeil, mais ne vous inquiétez pas, nous ne nous perdrons pas dans la sauce. Nous explorerons la transition en douceur des aliments liquides aux solides et comment ce voyage culinaire peut préparer le terrain pour des fêtes du sommeil en solo (parce qu'admettons-le, votre bébé ne vous invite pas à sa soirée pyjama). Que vous soyez un champion de l'allaitement ou un fan du lait en poudre, comprendre comment ces différents menus influencent les schémas de sommeil du bébé, c'est comme détenir la recette secrète pour plus de sommeil. Et certes, nous ne nous attarderons pas sur les sujets brûlants de l'allaitement et de l'introduction des aliments solides (c'est une surprise de chef pour plus tard dans le chapitre), mais vous apprendrez pourquoi ce qui entre dans le ventre de votre bébé ne se contente pas de le remplir ; cela donne le ton pour leur nuit. Alors, mélangeons humour et conseils pratiques d'alimentation, vous offrant un avant-goût alléchant de comment prendre des décisions alimentaires qui ne satisfont pas seulement la faim mais invitent également le marchand de sable à passer. Espérons qu'à la fin de ce chapitre, vous porterez un toast à plus de nuits remplies de sommeil et moins d'attaques de casse-croûte de minuit.

Allaitement et Modèles de Sommeil

Lorsque vous naviguez dans les eaux tumultueuses pour endormir votre bébé, le lien entre l'allaitement et les schémas de sommeil est comme découvrir une carte au trésor cachée. Croyez-le ou non, la manière dont vous nourrissez votre bébé a le pouvoir de dicter non seulement leurs aventures nocturnes au pays des rêves, mais aussi vos précieux zzz. Plongeons ensemble dans ce terrier douillet, d'accord ?

Premièrement, le lait maternel n'est pas juste un repas ; c'est une potion magique. Il contient des substances connues pour aider les bébés à dormir plus paisiblement. Mais voici le hic - les bébés allaités ont tendance à se réveiller plus souvent que leurs homologues nourris au lait en poudre. Pourquoi, demandez-vous ? Tout simplement parce que le lait maternel est plus facile à digérer. Ce n'est pas une malédiction mais plutôt une bénédiction cachée. Ces rendez-vous nocturnes fréquents servent d'opportunité pour renforcer le lien entre vous et votre petit. De plus, cela vous rassure que leur système digestif est sur la bonne voie.

Maintenant, passons à maîtriser l'art du timing. Bien qu'il puisse être tentant de programmer les tétées dans l'espoir d'influencer le sommeil de votre bébé, soyons réalistes - les bébés sont les patrons pendant leurs premiers mois. Au lieu de regarder l'horloge, observez votre bébé. Apprenez leurs signes de faim et nourrissez-les à la demande. Cette alimentation réactive soutient non seulement une croissance saine mais encourage également un schéma de sommeil plus prévisible à long terme. Pensez-y comme investir dans votre banque de sommeil future.

Cependant, au milieu de ces escapades de minuit, le rêve d'une nuit de sommeil ininterrompue peut sembler une fantaisie lointaine. N'ayez crainte, car il existe des stratégies pour encourager doucement des périodes de sommeil plus longues au fil du temps. Engagez-vous dans un contact peau à peau pendant les tétées nocturnes, maintenez un environnement calme et faiblement éclairé, et résistez à l'envie de jouer ou de discuter. L'objectif ici est d'aider votre bébé à associer les tétées nocturnes à la somnolence plutôt qu'au temps de jeu. C'est comme les convaincre que la nuit est faite pour des trucs ennuyeux et somnolents, et que la vraie fête (où toute l'interaction amusante se produit) a lieu pendant la journée.

En dernier lieu, n'oubliez pas que le scénario de chaque bébé est unique. Alors que certains pourraient commencer à vous offrir des périodes de sommeil plus longues dès quelques semaines, d'autres pourraient prendre un peu plus de temps pour vous offrir cette nuit ininterrompue. Restez patient et adaptable. Ajustez vos stratégies à mesure que votre bébé grandit et que ses schémas de sommeil évoluent. Après tout, ce voyage ne concerne pas seulement la réalisation du sommeil parfait la nuit, mais aussi l'embrassement du beau chaos, bien que privé de sommeil, de la parentalité précoce. Alors, trinquons à cela avec notre tasse à moitié pleine de café tiède et continuons !

Introduction des Aliments Solides et Sommeil Nocturne

Lorsque vous avez enfin compris les schémas de sommeil de votre bébé, voici qu'arrive une étape excitante mais potentiellement perturbatrice pour le sommeil : l'introduction des aliments solides. C'est comme si l'univers disait : « Vous pensiez avoir tout compris ? Essayez ça. » Mais ne vous inquiétez pas, naviguer dans cette nouvelle phase peut en fait être tout à fait gérable et même amusant si vous jouez bien vos cartes. Comprendre comment les solides affectent le sommeil nocturne de votre bébé, c'est comme décoder une autre pièce du grand puzzle parental.

L'introduction des aliments solides commence généralement vers l'âge de 6 mois, juste au moment où vous pensiez que le sommeil de votre bébé devenait prévisible. Les aliments solides peuvent affecter les bébés différemment - certains peuvent commencer à dormir plus longtemps car leur petit ventre reste plus plein, tandis que d'autres pourraient trouver les nouvelles expériences diététiques un peu perturbantes, menant à des réveils plus fréquents. La clé est d'introduire de nouveaux aliments progressivement et de garder un œil sur leur impact sur le sommeil. Pensez-y comme une investigation culinaire, où les indices sont les rots et les dodos.

Le timing est crucial. Introduire des solides trop près de l'heure du coucher peut être comme donner à votre bébé un ticket pour la fête de minuit dans son berceau. Leur petit système digestif s'habitue encore à traiter ces nouveaux aliments, il est donc préférable d'offrir des solides pendant la première partie de la journée. Cela vous donne amplement le temps de surveiller d'éventuelles réactions adverses avant la tombée de la nuit. De plus, vous évitez le risque d'inconfort nocturne qui peut survenir avec de nouvelles introductions diététiques. Imaginez essayer de dormir avec une nouvelle sensation mystérieuse dans votre ventre - pas la meilleure sensation, n'est-ce pas ?

La constance est votre nouvelle meilleure amie. Commencez avec des aliments lisses, facilement digestibles qui sont peu susceptibles de perturber le sommeil. Les aliments riches en fer et en zinc sont de bons premiers choix car ils sont non seulement importants pour le développement de votre bébé mais aussi doux pour leur ventre. À mesure que votre bébé s'habitue à ce nouveau régime alimentaire, vous pouvez commencer à expérimenter avec des textures et des goûts, mais toujours en gardant un œil attentif sur leur impact sur le sommeil. C'est un peu comme être un détective culinaire pour votre petit, assemblant le régime parfait qui soutient à la fois la croissance et un bon sommeil.

Enfin, la patience sauvera la journée (et la nuit). Comme tous les aspects de la parentalité, introduire des solides est un voyage rempli de désordre, de chaos et de moments magiques. Certains jours, il peut sembler que vous avez fait un pas en arrière dans votre quête de nuits ininterrompues, mais soyez assuré, cette phase n'est qu'un autre chapitre dans la saga épique de la parentalité. Gardez le sens de l'humour face aux carottes volantes et aux murs tachés de petits pois. Après tout, trouver l'équilibre parfait entre les solides et le sommeil est en partie un art, en partie une science, et entièrement réalisable avec une dose de persévérance et une pincée de rire.

Chapitre 7 : Prendre Soin de Soi

Dans le tourbillon des changements de couches, des tétées de minuit et du déchiffrage des pleurs variés à 2 heures du matin, il est facile d'oublier la personne reflétée dans le miroir – qui, à ce stade, peut ressembler plus à un zombie légèrement inquiet qu'à leur moi d'avant la parentalité. Mais voici l'essentiel : prendre soin de votre bébé commence par prendre soin de vous. Oui, de vous ! Maintenir votre bien-être n'est pas juste un luxe ; c'est une partie essentielle du puzzle de l'apprentissage du sommeil. La privation de sommeil peut transformer n'importe qui en une coquille ambulante, à peine capable de parler, incapable de distinguer une cafetière d'une plante en pot. C'est une pente glissante, allant de l'oubli de vos clés à la mise au réfrigérateur de votre téléphone par accident. C'est pourquoi reconnaître les signes révélateurs de la privation de sommeil n'est pas juste pour votre bébé – c'est crucial pour vous aussi. Et quand les nuits sans sommeil s'accumulent plus haut qu'une tour de linge sale, avoir un carquois de stratégies pour faire face est plus précieux que l'or. Que ce soit maîtriser l'art des siestes énergisantes, se relayer pour les tâches nocturnes, ou juste accepter que votre maison ressemble à l'après-scène d'une explosion de céréales – tout cela fait partie du grand plan de survie. Rappelez-vous, prendre soin de soi n'est pas égoïste. C'est la chose la plus altruiste que vous puissiez faire, car un soignant heureux et en bonne santé fait un bébé heureux et en bonne santé. Alors, naviguons ce chapitre avec une pincée d'humour, un soupçon de persuasion et une montagne de conseils pratiques, assurant que vous et votre petit oiseau de nuit puissiez tous les deux bien vous reposer.

Reconnaître les Signes de Privation de Sommeil chez les Parents

Admettons-le ; le voyage vers la parentalité, bien qu'il soit rempli de joie, est comparable à s'inscrire dans une étude d'élite sur la privation de sommeil à laquelle vous n'aviez jamais l'intention de participer. Avant d'explorer comment récupérer ces précieux zzz, il est crucial de repérer les signes révélateurs que vous fonctionnez à vide. Reconnaître la privation de sommeil tôt peut être votre premier pas vers la reconquête de la nuit, et soyons honnêtes, de votre santé mentale.

La privation de sommeil ne se présente pas en dansant ; elle fait irruption, avec des cernes sous vos yeux à son sillage. Si vous avez remarqué une augmentation des oublis, comme l'endroit où vous avez laissé vos clés—ou pire, le biberon du bébé—il y a de fortes chances que la privation de sommeil vous ait dans son étreinte. Elle est sournoise de cette manière, transformant votre mémoire en quelque chose qui ressemble à du fromage suisse. Et bien que nous puissions rire de notre oubli, c'est un drapeau significatif que votre cerveau réclame du repos.

Ensuite, il y a l'aspect humeur. Si les plus petites choses vous énervent ou si vous vous retrouvez à vous emporter contre votre partenaire pour quelque chose d'aussi mineur que la perte de la télécommande, il est temps de faire une pause et de réfléchir. L'irritabilité est la meilleure amie de la privation de sommeil, et elle peut mettre à mal les relations à un moment où le soutien est primordial. Reconnaître ces changements d'humeur peut être un indicateur que ce n'est pas seulement le stress de la nouvelle parentalité mais un manque sérieux de sommeil qui affecte votre équilibre émotionnel.

Ne négligez pas non plus les symptômes physiques. Les bâillements constants, une dépendance à la caféine qui frise une histoire d'amour, et une sensation de léthargie générale sont la manière dont votre corps agite un drapeau blanc. Il est important de prêter attention à ces signes et de comprendre qu'ils ne sont pas juste "une partie de la parentalité" ; ils indiquent que votre corps a besoin de repos pour fonctionner correctement, tant pour votre bien que pour celui de votre bébé.

Enfin, si vous êtes éveillé à 3 heures du matin, fixant le plafond pendant que votre petit dort profondément, vous demandant si vous aurez à nouveau une nuit complète de repos, c'est un signe clair que la privation de sommeil s'est installée. C'est une situation délicate où l'épuisement ne garantit pas toujours que le sommeil viendra facilement. Reconnaître ces signes comme étant plus que de simples "mauvaises nuits" mais comme un modèle de privation de sommeil est le premier pas vers des changements positifs pour vous et votre famille. Maintenant que nous avons identifié ces signes, préparons-nous à les affronter de front dans la section suivante.

Stratégies pour Faire Face aux Nuits Blanches

Alors, vous avez maîtrisé l'art de l'emmaillotage, sélectionné la literie la plus douce, et essayé toutes les méthodes d'apprentissage du sommeil sous le soleil, mais ce sommeil insaisissable joue encore à cache-cache – pour vous, c'est-à-dire. Votre bébé dort peut-être paisiblement (enfin !), mais maintenant, c'est vous qui fixez le plafond à 3 heures du matin, vous demandant si le sommeil daignera à nouveau vous honorer de sa présence. N'ayez crainte ! Pour survivre à la brume privée de sommeil de la parentalité, nous avons quelques astuces dans notre manche qui ne nécessitent pas de café en intraveineuse.

D'abord, parlons des siestes énergisantes. Elles ne sont pas réservées qu'aux enfants d'âge préscolaire et peuvent être un véritable changement de jeu. Le secret est dans le timing. Résistez à l'envie de vous attaquer à cette montagne de linge ou de plonger dans votre boîte de réception sans fin pendant la sieste du bébé. Au lieu de cela, donnez-vous la permission de faire une petite sieste. Même 20 minutes de sommeil peuvent faire des merveilles pour vos fonctions cognitives et votre humeur. Rappelez-vous, il s'agit de qualité, pas de quantité, quand il s'agit de saisir ces précieux moments de repos.

Ensuite, considérez le pouvoir de la routine. Tout comme les bébés, les adultes peuvent bénéficier d'une routine de détente avant le coucher. Créez un rituel qui signale à votre corps qu'il est temps de se mettre en mode veille pour la nuit. Cela pourrait être n'importe quoi, d'un bain chaud, à lire un chapitre d'un livre (de préférence quelque chose de pas trop captivant), ou à faire quelques étirements doux. La clé est la constance. Avec le temps, cette routine aidera à indiquer à votre corps qu'il est temps de passer en mode sommeil, rendant plus facile de s'endormir une fois que vous êtes au lit.

N'oublions pas l'importance de préparer le terrain pour le sommeil. Investir dans un bon matelas et des oreillers peut transformer votre expérience de sommeil. De plus, considérez l'environnement - est-il propice au repos ? Des changements simples comme des rideaux occultants pour bloquer la lumière du matin ou une machine à bruit blanc pour noyer les distractions peuvent faire une différence significative. Il s'agit de créer un havre de relaxation qui vous invite au pays des rêves.

Enfin, soyez indulgent avec vous-même. Stresser de ne pas dormir suffisamment ne fait qu'alimenter le cycle de l'insomnie.

Si vous vous retrouvez bien réveillé, ne forcez pas. Levez-vous, faites quelque chose de simple, comme tricoter ou faire des puzzles - tout ce qui est assez banal pour ne pas vous réveiller complètement mais assez engageant pour vous empêcher d'obséder sur votre incapacité à dormir. Ensuite, essayez de retourner au lit après un moment. Parfois, un petit reset est tout ce dont votre corps a besoin pour glisser dans le sommeil.

Dans la grande tapisserie de la parentalité, les nuits sans sommeil ne sont qu'un fil. Elles peuvent être difficiles, sans aucun doute, mais avec un peu de créativité et beaucoup d'auto-compassion, vous trouverez votre chemin. Rappelez-vous, il s'agit de trouver ce qui fonctionne pour vous et de traverser la tempête. Doux rêves, éventuellement !

Conclusion

Admettons-le, le chemin pour amener votre bébé à dormir toute la nuit est comme essayer de résoudre un cube Rubik dans le noir. Juste au moment où vous pensez l'avoir réussi, quelque chose change et vous êtes de retour à la case départ. Mais voilà, alors que nous avons navigué à travers les astuces du métier, des fondamentaux du sommeil de bébé, de l'environnement qui les berce dans le pays des rêves, aux méthodes mystifiantes de l'entraînement au sommeil, nous avons rassemblé un arsenal de stratégies qui ferait même dormir les dormeurs les plus obstinés.

Rappelez-vous, chaque bébé est aussi unique qu'un flocon de neige dans une tempête de neige. Cela signifie qu'il n'y a pas d'approche unique. Que vous soyez un adepte de la technique du "Cry-It-Out" ou que vous penchiez vers la politique sans larmes, la clé est la constance et la patience. Ajuster le programme de sommeil de votre bébé au fur et à mesure qu'ils grandissent, c'est un peu comme viser une cible en mouvement, alors ne soyez pas découragé si ce qui a fonctionné hier est un échec aujourd'hui. Continuez à essayer, et n'oubliez pas de célébrer les petites victoires, comme ces quinze minutes supplémentaires de sommeil que vous avez réussi à glaner.

L'un des conseils les plus sous-estimés que nous avons couverts est l'impact profond de l'alimentation sur le sommeil. Qui aurait cru qu'un bol de purée de pois pourrait faire la différence entre une nuit paisible et une sans sommeil ? Porter une attention particulière à la manière dont différents aliments affectent le modèle de sommeil de votre bébé est crucial. Et pendant que nous sommes sur le sujet du sommeil, n'oublions pas vous, le parent super-héros. Vous avez probablement maîtrisé l'art de fonctionner dans ce qui semble être un état éternel de privation de sommeil. Rappelez-vous, prendre soin de vous n'est pas un acte égoïste. C'est une nécessité. Rattraper votre sommeil est essentiel pour que vous soyez le meilleur soignant possible.

En conclusion, je veux vous rappeler que le chemin vers une nuit complète de sommeil est plus un marathon qu'un sprint. Il y aura des obstacles, il pourrait même y avoir quelques faux départs, mais avec les stratégies que vous avez apprises, vous êtes bien équipé pour franchir cette ligne d'arrivée. Les jours à déchiffrer les signes de préparation au sommeil et à perfectionner l'environnement de sommeil paieront bientôt. Croyez-moi, il y a de la lumière au bout de ce tunnel privé de sommeil.

En fin de compte, il s'agit de trouver ce qui fonctionne le mieux pour votre famille. En tournant les pages de ce livre, rappelez-vous que vous n'êtes pas seul dans ce voyage. D'innombrables parents ont emprunté ce chemin et en sont sortis victorieux, et vous le serez aussi. Alors, gardez la foi, continuez à expérimenter, et gardez votre humour à portée de main—parce que parfois, un bon rire est tout ce dont vous avez besoin pour traverser la nuit. Et qui sait, peut-être que ce soir sera la nuit où vous arriverez tous à dormir jusqu'au matin. Espérons-le, n'est-ce pas ?

Annexe A : Exemples de Programmes de Sommeil et Listes de Contrôle

Nous avons navigué dans la jungle sauvage des théories et des tactiques, nous frayant un chemin à travers la jungle privée de sommeil de la parentalité. Maintenant, il est temps de passer aux choses concrètes avec des outils pratiques pour guider vous et votre petit vers un sommeil réparateur. Plongeons dans quelques exemples de programmes de sommeil et des listes de contrôle utiles conçues pour lisser la routine nocturne en quelque chose qui ressemble - osons-nous le dire - à un rêve.

<u>Exemple de programme de sommeil pour les nouveau-nés (0-3 mois) :</u>

Réveil matinal : 7h00 - Il est temps pour un changement de couche, une tétée, et un peu de temps câlin.

Sieste matinale : 8h30 - Ils pourraient s'endormir après leur premier repas ; laissons-nous porter.

Repas de midi et jeu : 11h00 - Après un peu de temps éveillé, un autre tour de tétée.

Sieste de l'après-midi : 12h30 - La sieste post-déjeuner est une bénédiction déguisée.

Éveil en soirée : De 15h00 à 19h00 - Intégrez les tétées, le temps de jeu, et peut-être une petite sieste.

Routine du coucher : 19h30 - Bain, histoire, tétée, puis extinction des lumières.

Tétées nocturnes : Attendez-vous à quelques-unes - Ils vous feront savoir quand il est temps.

Nous peignons ici à grands traits ; chaque bébé est différent, et ce qui fonctionne comme par magie pour l'un peut être inadapté pour un autre. C'est ça, la parentalité - une aventure en adaptabilité !

<u>**Exemple de programme de sommeil pour les nourrissons (4-12 mois) :**</u>

Lever et éclat du matin : 7h00 - Que la journée commence par une tétée et un peu de jeu interactif.

Première sieste : 9h00 - À ce moment-là, ils sont probablement prêts pour une sieste matinale.

Repas de midi : 12h00 - L'heure du déjeuner coïncide avec une autre tétée et un moment actif.

Deuxième sieste : 14h00 - Une bonne sieste l'après-midi aide à diviser la journée.

Calme du soir : 18h00 - Il est temps de commencer la routine du coucher, se terminant par une tétée tranquille.

Heure du coucher : 19h30 - Visez une heure de coucher constante pour aider à régler leur horloge interne.

Ce programme est un peu plus structuré mais rappelez-vous, la flexibilité est la clé. Vous apprenez autant d'eux qu'ils apprennent du monde qui les entoure.

<u>**Liste de contrôle pour la routine du soir :**</u>

Heure du bain : Un bain chaud peut aider à apaiser et signaler que l'heure du coucher est proche.

Moment pyjama : Des tenues confortables peuvent faire toute la différence.

Jeu calme : Une activité douce de détente peut établir le bon ton.

Heure du conte : Lire un livre ensemble n'est pas seulement bon pour le lien ; c'est de la magie somnolente.

Dernière tétée : Une dernière tétée peut les aider à se sentir pleins et somnolents.

Extinction des lumières : Diminuer les lumières pour signaler qu'il est temps de dormir.

Cette liste interprète la sagesse ancestrale de la routine, du confort, et d'une pincée d'amour - une recette garantie pour le succès du sommeil. Rappelez-vous, ces lignes directrices ne sont que cela - des guides. Le vrai truc est de trouver ce qui fonctionne pour vous et votre bébé, puis d'ajuster au fur et à mesure. Doux rêves !

Don't miss out!

Visit the website below and you can sign up to receive emails whenever Fredrick Mandl publishes a new book. There's no charge and no obligation.

https://books2read.com/r/B-A-MBTEB-BBMZC

BOOKS 2 READ

Connecting independent readers to independent writers.